내 안에 너 있다

내 안에 너 있다

초판 1쇄 인쇄 2020년 1월 10일
초판 1쇄 발행 2020년 1월 20일

발행처	보민출판사
발행인	김국환
편 집	정은희
지은이	민승기
디자인	김민정

주 소	인천시 서구 불로동 769-4번지 306호
전 화	070-8615-7449
홈페이지	www.bominbook.com
신고번호	제313-2010-376호
등록번호	105-91-58839
ISBN	979-11-89796-32-7 03800
CIP	2019052688

◆ 파본은 구입하신 서점에서 교환해드립니다.

내 안에 너 있다

所虛 閔勝基 시집

조용히 창가로 다가가 밖을 바라본다
아무것도 보이지 않는 컴컴한 밤이다

PROLOGUE

온 세상을 알기에는 너무 작았던 어린 시절
동무들과 온 동네를 휘젓고 놀았던 하루를 표현하기에는
너무 어려워 일기장을 붙잡고 시름하며 졸음을 참던 추억

예나 지금이나 글을 쓴다는 것은 어려운 것 같다
아직도 꿈은 버려지지 않았고 접혀진 채로 있다
세상을 떠나는 순간에 미련을 두지 말고
책 한 권 쓰고 싶다는 욕망이 꿈틀거린다

시를 쓰고 싶다고 시상은 떠오르지 않는다
쓰고 지웠다 반복하면서 그 아쉬움은 시가 된다

그리고
후회와 약속
그리움과 추억
이 모든 것은 사랑이 된다

세월 따라 함께 흘러가는 너와 나
이 세상을 아름답게 만드는 빛과 소금이다

훌쩍 가버린 세월에 후회하지 말고
우리 미운 사랑 한 번 해보면 어떨까?

- 所虛 閔勝基 씀

차례

제1부. 내 안에 너 있다

내 안에 너 있다 • 12
보고 싶다 • 13
인연 • 14
옆에만 있어주세요 • 15
볼 수 없는 사랑 • 16
사랑은 숙명 • 17
붉은 노을 • 18
입맞춤 • 19
퍼즐 인생 • 20
시간은 나에게 • 21
빗물 따라갈까 • 22
새벽안개 • 23
향기 • 24
그대의 향기 • 25
무지개 꽃향기 • 26
봄비 내리는 아침 • 27
커피 한 잔 • 28
슬픈 커피 • 29
행복한 아침 • 30
아침 이슬 • 31
수줍어 말 못하고 • 32

제2부. 사랑 찾는 바보의 추억

사랑 찾는 바보 • 36
우산 • 37
양말 • 38
벙어리장갑 • 39
핫팩 • 40
새끼손가락 • 41
호주머니 • 42
붕붕이 • 43
능수화 사랑 • 44
비 오는 날의 수선화 • 45
벚꽃의 아침 • 46
이상한 바보 • 47
바람 소리 • 48
얄미운 바람 • 49
사랑 • 50
숨 막히는 서울 • 51
나무꾼 서울 가다 • 52
내 말 좀 들어보소 • 53
내 안에 봄 • 54
나무꾼의 생각 • 55
청중 • 56
가장 행복한 날 • 57
별들의 숨바꼭질 • 58
오늘 밤만은 • 59

오빠 • 60
봉급날 • 61
추억 • 62
알사탕 • 63
이사 가는 날 • 64
중년이여 • 65
밤에 쓰는 편지 • 66
달님의 기도 • 67
새해 첫 출근 • 68
출근길 비 • 69
비 내리는 날의 퇴근길 • 70
노약자석 • 71
잔액 부족입니다 • 72
교통카드 • 74
세월도 멈추었으면 • 75
막차 • 76
버스터미널의 오후 • 77
좋은 걸 어떡해 • 78
호반의 길 • 79
갑천에 비가 내리면 • 80
대둔산 가는 길 • 81
뚝방길 • 82
여행 • 83

제3부. 후회와 약속

후회와 약속 • 86
사랑한다고 • 87
길 • 88
만남과 기다림 • 89
깊은 밤 • 90
그림자 • 91
대답 • 92
애가 탄다 • 93
아픔 • 94
갈등 • 95

씨앗으로 살고 싶다 • 96
삼식이 • 97
벌과 나비 • 98
고추잠자리 • 99
새야 울지 말고 가거라 • 100
허수아비 • 101
술 한 잔 • 102
갈까보다 • 103
가끔은 사랑이 아프다 • 104
사공의 마음 • 105

제4부. 봄 여름 가을 겨울

눈 내리는 봄 • *108*
여름이 간다 • *109*
가을 햇살 • *110*
갈대의 손짓 • *111*
내 입은 요술쟁이 • *112*
겨울 나무 • *113*
하늘은 놀이터 • *114*
밤하늘의 주인 • *115*
나의 별 • *116*
가지 끝 잎 • *117*
신용카드 단풍잎 • *118*

제1부

내 안에 너 있다

내 안에 너 있다

언제나 마음이 설레이고 가슴도 쿵쿵거린다
내 가슴엔 온통 너만 있다

그래서 어제도 오늘도 먼 하늘만 바라보았고
내일은 그리움이 더욱 사무칠 것 같다

머릿속에서 떠나지 않는 모습은
눈을 감으면 더욱 또렷하게 나타나
내 안에 너를 그려본다

밤하늘에 별이 되어볼까
어두움에 한 줄기 빛을 따라가볼까

꿈이라도 좋다
내 안에 너를 안고

햇빛 쏟아지는 하늘에
흰 구름으로 비행기를 만들어
아름다운 별들이 춤을 추는 밤하늘을 날고 싶다

보고 싶다

가을단풍
곱게 물들고
가을국화 핀 것을
이제 보았네

보면 볼수록
네가 보고 싶다

안 보면 보고 싶고
만나면 할 말 못해
헤어지면 후회하네

오래오래
자세히 보고 싶다

인연

(만남)
기다림은 나의 것
만남은 너의 것
그래서 기다림은 길고
만남은 짧다

(인연)
새벽 아침이슬이 모여 영롱한 물방울이 되었다
노을이 붉게 타던 저녁이 가고
둥근달이 대지를 비추면서 온 세상을 가져간다

뜨거운 태양과 달은 서로 밀당을 한다
은하세계에 있던 별이 반짝반짝 신호를 보낸다

숨겨져 있던 그리움은 만남이 되었고
그것은 우연이 아닌 피할 수 없는 인연이었다

눈이 부시도록 사랑스럽고 아름다운
소중한 인연이여!

옆에만 있어주세요

하늘은 캄캄하고
도시의 저녁은 어두운데

어떻게 받아 들여야 하나요

잠시 동안이 무엇인지 나는 몰라요
언제나 옆에만 있어주세요

어둡고 캄캄한 밤을
도저히 견딜 수가 없어요

어디에 있나요

나 좀 불러주세요
여기에 있다고 말 좀 해봐요

볼 수 없는 사랑

실체도 없는 것이
어느 날 찾아와 가슴 한구석에 자리를 잡고
주인 행세를 합니다

말도 못하면서 말을 하라 하고
행동도 못하면서 가라오라 해요

그런데 이상해요
따라서 하다 보니 나는 머슴이 되었어요

주인이 되어버린 사랑

보이지도 않고 안아볼 수도 없는데
마음은 자꾸만 구름처럼 흩어졌다 모여요

사랑은 숙명

(사랑)
꽃이라면 향기라도 줄 텐데
나무는 향기가 없어
사랑을 준다

(가슴속에 갇힌 사랑)
콩닥콩닥 내어달라 보채고
나와서는 소근 소근 말도 못하고
들어가라 하면 싫다고 끙끙끙
가슴속에 갇힌 사랑

(숙명)
잊을 수 없다
가슴속에 담아야 한다
세월이 흐른다 해도
언제 어디서나 항상 함께 있어야 한다
이제 사랑은
나의 숙명이다

붉은 노을

해님이 온종일 세상을 비추다
힘이 들었는지
서쪽하늘 먼 산에 걸쳐 있습니다

하늘에 구름도
이별 뒤에 만남을 위하여
붉은 노을을 만들어줍니다

세상이 그렇게 한 폭의 그림으로 채워질 때
숲속의 카페 창가에 앉아 있는 연인들

갈색탁자 위 하얀 잔에
붉은 노을을 담아
타는 가슴으로 사랑을 키워갑니다

입맞춤

길을 걷다가
발걸음을 멈추었다

바람 따라
어디선가
진한 커피의 향기가 따라온다

눈을 감았다

입가에 무엇이 스쳐갔다

퍼즐 인생

인생은 순간순간 일어나는 일들을
퍼즐처럼 꼭 맞추어 나가야 한다

어제를 가지지 않으면 앞으로 나갈 수가 없다
그렇다고 비어놓고 갈 수도 없다

왜 인생은
하나하나를 꿰어서 맞추어 가야 하는가

높고 넓은 파란 하늘에 그림도 그려보고
손오공처럼 구름도 타고 놀다 가보자

들풀의 친구가 되어 함께 걸어도 보고
이름 모른다 하지 말고
들꽃도 꽃이니 사랑도 해보자

시간은 나에게

언제나 나를 가르치는 것은
말없이 흐르는 시간이다

시간은 나에게 스승이다

가장 낭비하는 시간은 방황하는 시간이고
가장 교만한 시간은 남을 업신여기는 시간이다

가장 비굴한 시간은 변명을 하는 시간이며
가장 불쌍한 시간은 구걸하는 시간이었고
가장 분했던 시간은 모욕을 당하는 시간이었다

그리고 가장 아름다운 시간은
바로 사랑을 나누는 시간이었다

빗물 따라갈까

빗소리 들리면 올 것만 같아
뻥 뚫린 마음으로 처마를 바라보면
빗방울만 대롱대롱

행여나 빗방울 따라왔을까
눈 가까이 하면
어느새 흘러내린 빗방울

어디에서 찾을까
어디로 간 것일까

고인 빗물 속에 보이는 것은
홀로 떨어진 낙엽

빗방울 다 떨어지면
우리 함께 갈까

골 따라 흘러가면
오는 님 만나겠지

새벽안개

한낮에는 어디 갔다
한밤에도 없다가
새벽이 되면 찾아오네

텅 빈 가슴에
맺힌 사연 말도 못하고

하얀 옷을 입고
흘린 눈물 이슬이 되도록 서성이다

햇살이 비추이면 소리 없이 사라지니
애간장만 타는구나

보여줄 듯 말 듯 하지 말고
우리 사랑하면 안 될까?

향기

(사람의 향기)
꽃의 향기는 사라지지만
사람의 향기는 사라지지 않는다

소중한 인연은
아름다운 사랑으로 이어지고
세월이 흘러 연인이 되어간다

(꽃의 향기)
꽃봉오리로 있었을 때
꽃의 향기는 나지 않았다

비로소
꽃망울을 터트리고 잎이 피었을 때 꽃향기가 났다

꽃의 향기가 사라질 때
꽃잎은 아름다움을 뒤로 하고 고약한 악취를 풍긴다

사람들은 그런 꽃을 좋아한다

그대의 향기

가을비가
나뭇잎에 앉아

빗방울을 만들고
시소 놀이를 한다

갈색 탁자의
커피 잔에서는
하얀 연기처럼 김이 모락모락
피어오른다

창가에 기대어
그대의 향기를 느끼고 싶다

무지개 꽃향기

어느 날 파란 하늘에 무지개 꽃이 피었습니다

오래 보고 싶은 마음에
보듬어 감싸고 물을 뿌려주었습니다

세상에 단 하나뿐인 나만의 아름답고 예쁜
무지개 꽃은 그렇게 피어났습니다

이른 아침에
해님이 영롱한 이슬방울 속에 있을 때면
온 세상에 하얀 안개꽃을 뿌려주었고

어슴푸레한 밤이 되어
달님이 호수에 잠기면
반짝이는 별빛이 되었습니다

무지개 꽃향기는 그렇게 안개꽃으로 별빛으로
내 가슴에
사랑하는 꽃이 되어 피어 있습니다

봄비 내리는 아침

봄비가
소리도 없이 내린다

봄비도
그리움이 있는 듯하다

방금 나온 새싹은
봄비가 반가운 듯

떨어질 듯 매달린 빗방울을
손 내밀어 잡아준다

모락모락 김이 피어오르는
따뜻한 커피 한 잔이 그립다

봄비 내리는 아침이다

커피 한 잔

아름답고 멋진
어느 가을날

여울져 흐르는
강가의 언덕에서
영화 속의 한 장면이 되고 싶다

파란 하늘 누워서 보고
푸른 강물 허리에 감아 차고

커피 한 잔
마시는 날이 오면 말하리라

나 혼자만이
그대를 알고 싶다고

슬픈 커피

스타벅스 커피숍
모퉁이 구석

복잡한 마음으로
오가는 차량을 바라보며
마시는 카라멜마키야토

달콤함보다 쓴맛이 전해오는 이 느낌

하루의 끝으로
어둠이 짙어가는 거리의 속으로

슬픈 마음을 달래려
빨려 들어갑니다

내일은
밝고 맑은 새벽이 오기를 기원하면서

행복한 아침

새벽녘 시원한 바람이
창문 사이로 들어옵니다

달콤한 새벽잠을 깨우니
꿈을 꾸고 있었습니다

눈부신 햇살에 잠긴 눈을
살며시 열어 봅니다

파란 하늘에는 흰 구름이
어깨동무를 하고 떠돌다 갑니다

귀를 기울이니
어디선가 새들의 소리도 들립니다

누군가와 함께하고픈
행복한 아침입니다

아침 이슬

가로수 잎에 방울방울 맺힌 이슬
아침을 알려줍니다

새벽을 깨운 아침 햇살은
이슬방울 속에서 영롱한 빛이 되어옵니다

이슬은 아침 햇살을
무척이나 좋아하나 봅니다

햇살이 하늘에서 내려오면
나뭇잎 끝에 매달려 대롱대롱 재롱을 부립니다

어둠 속에서 두려움에
밤새 떨었을 아침이슬

햇살을 만나
반짝반짝 맑고 고운
수정보석이 됩니다

수줍어 말 못하고

그제는
하늘에 하얀 뭉게구름이 되어 떠돌아다녔다

어제는
달이 되어 살포시 내려와 어둠 속을 걸었다

오늘은
반짝반짝 별이 되어 비로소 자리를 잡았다

속닥속닥 들릴 듯 말 듯
귓가에 맴도는 별들의 노래

수줍어 말 못하고
새 아침을 맞이한다

제2부
사랑 찾는 바보의 추억

사랑 찾는 바보

나는 바보다
누군가를 사랑하기 때문이다

나는
꽃이라면 물망초다
"언제나 날 잊지 말아요"라고 말하고 싶다

사랑을 소유하여
아름다운 사연과 추억으로
가슴을 채우고 싶다

민들레 홀씨 되어
사랑 찾아
어디든지 가고 싶다

우산

내어달라 퍼달라 투정이다
날마다 곁에 있으면서
보는 척 마는 척 한다고 말도 안 한단다

손가방은 그렇게 좋아 꼭 잡고 가면서
언제나 컴컴한 곳에
팔다리 접힌 채로 있다고 꺼내달라 보챈다

해님이 쨍쨍하면 나오라 하고
소나기 내리면 나오라 하고
하얀 눈이 내리면 나오라 하고
덥고 비가 오고 추울 때만 부른다고 난리이다
그런 나를 변덕쟁이라 하지만
나는 네가 있어 언제나 좋다

오늘처럼 보슬비 오는 날
너는 무지개친구 만나는 세상구경 하는 날이지
나는 너의 품속에서 행복을 만들고 사랑을 키워간다

양말

봄이 되면
꽃신 달라 조르고

여름이면
덥다 하여 샌들 달라 하고

가을 되면
낙엽 밟고 싶다고 투덜투덜

겨울이 되면
춥다 하여 털 신발 달라 조르네

혼자 두면 외롭다고 둘이 되게 해달라고
겹겹이 모아두면 답답하다 싫다 하고
자기만 깨끗한 것처럼 매일 빨아달라 조르네

오늘도 구두 속에 있는 너는 도대체 누구니

벙어리장갑

겨울이 오면 생각이 납니다
꽁꽁 언 손을 따뜻하게 녹여주던 벙어리장갑

친구의 장갑이 부러워 양말을 손에 끼고
벙어리장갑을 만들어 손에 끼고 놀았습니다

그때는
그게 최고의 놀이였고 즐거움이었습니다

접혀지지 않는 손가락으로 얼음도 지치고
어설프게 눈사람 만들어 콧수염도 붙이며 놀았지요

동구 밖 눈밭에서
철없이 뒹굴며 놀던 개구쟁이 어린 시절

잠시 눈감으니 촉촉한 눈물이 고이고
볼을 타고 흐르는 눈물을
벙어리장갑이 훔쳐갑니다

핫팩

어린아이 달래듯
흔들어주니 좋다고 하네요

그네처럼
더욱더 흔들어보았어요

열을 내면서도
무척이나 좋아하네요

호주머니 속에 쏙 넣었더니
춥다고 안 나온데요

손을 넣어 꼭 움켜잡고
말을 건넵니다

오늘만큼은 넌 내 것이야

새끼손가락

새끼손가락이
호주머니 깊은 곳에서 나오질 않는다

잡아달라 안아달라 보채는 거 같다

사랑의 약속을 지키라고
새끼손가락이 옆구리를 콕콕 찌른다

사람들은 왜 약속을 할 때만
가냘프고 작은 새끼손가락을 쓸까

양손을 들어 손가락을 펴본다
얼굴을 감싸고 비벼본다

작은 눈 속으로
새끼손가락이 들어온다

그래 널 사랑해
새끼손가락은 나의 친구

호주머니

영하의 온도가 되니
온몸이 후덜덜이다

오른손도 왼손도
주먹으로 들어온다

아프기도 하련만
싫다 좋다 한마디 없이
큰 주먹 작은 주먹 손바닥도 잘도 받아준다

옛 시절에는 돈도 많이 들어왔단다
세월이 야속하여 이제 들어오는 돈은 동전뿐이다

그래도 오는 손님
주먹이 반갑고 동전도 좋다

추울수록 그리운
따뜻한 호주머니

붕붕이

언제나
나의 발이 되어주는 붕붕이

비가 와서 흙탕물이 있어도
눈이 와서 길이 미끄러워도
변함없이 발이 되어주는 붕붕이

더울 때는
시원한 바람을 불어주고

추울 때는
따뜻한 난로도 피워주는

친구 같은 붕붕이

나는 오늘도
붕붕이와 함께 나들이 간다

능수화 사랑

어화 둥둥 내 사랑
떠날 때도 내 사랑 하더니

날이 가고
달이 가고
해가 가도
기다리는 님은 소식이 없네

애타는 마음 어이하나
파란 하늘 바라보며 나무에 기대어
한없이 오르면 보일까
꽃이 되면 보일까

님 그리다 밤이 오면
행여 하는 마음에
고개 높이 들어 기웃기웃

이맘 알 리 없는 밝은 달만 일찍 나와
능수화를 맞아주네

비 오는 날의 수선화

비가 오는 아침
담장 아래에 핀 노란 수선화

보는 이가 없어서일까
이슬처럼 맺힌 빗방울이
떨어질 듯 말 듯

대롱대롱 매어달린 모습이
애처롭다

비 오는 날의 아침

내 마음도
수선화의 꽃잎처럼
왠지 그렇다

벚꽃의 아침

가로수 벚나무
연분홍 꽃을 피우고

서로 예쁘다고 꽃송이 싸움에
꽃들은 바람났네

밤새 치장하고 맞이한 아침
꽃잎은
미소 머금은 햇살에 방긋 웃고

꽃향기는 한들한들 바람에
길을 잃고 흩어지는데

어느새
꿀벌 한 마리
벚꽃에 앉아있네

이상한 바보

사람들은 나를 바보라 부른다
어떤 날은 내일이 없는 하루살이처럼 지낸다

오는 길은 아는데 되돌아가는 길을 모른다
집에서 나올 줄은 아는데 가는 법을 모른다

바다가 넓고 하늘이 높다는 것은 아는데
사랑이 소중하고 얼마나 넓고 높은지는 모른다

셸리의 법칙만 알고
머피의 법칙은 모르는 모든 것이 긍정이다

청개구리 같아 가라면 오고 오라면 가고
시도 때도 없이 만나자고 울고 보챈다

비를 맞으며 가고 우산은 가방 속에 있다
술은 3잔 이상 기억이 없고 자기 말만 기억한다

눈도 나쁜가 함께 있는 꽃도 못 본다
이상한 바보이다

바람 소리

해님은
어디 가고 구름만 몰려오더니

온종일 빗물만이
창문을 타고 흘러내리네

어두운 밤
별님이 보고 싶어 창문을 여니

별님도 달님도
야속하게 보이질 않고

문틈 사이로 파고드는 바람 소리에
맺힌 가슴은 더 타들어가네

얄미운 바람

보이지도 않으면서
풀잎만 보고 가네

잎에 맺힌
이슬이 떨어지고
어느새 왔다가
꽃잎만 보고 가네

나비가 놀라서
날아가네

저 멀리서
날 따라오라 손짓하니
풀잎과 꽃잎이
못 가고서 살랑살랑

파란 하늘
하얀 솜털 속에 숨은
얄미운 바람

사랑

무엇보다도 행복한 것은
선녀와 함께 있다는 것

출근할 때
머릿속에서 나왔다가

퇴근할 때는
가슴속으로 들어가네

해가 뜨면 밝음이요
달이 뜨면 어둠이요

머릿속에 가슴속에
항상 함께하는 선녀와 나무꾼

언제나 별이 되어
함께 있기를 새끼손가락에 걸어봅니다

숨 막히는 서울

하늘도 없는 서울
별도 없는 서울
그리움도 설렘도 없어라

숨이 막히고
어둠만이 지키는 서울

마음껏 기지개 펴고
소리 내어 울고 싶은 곳

그리움과 설렘이 가득한 그곳으로
어서 빨리 가고 싶어라

푸른 산과 물이 있는
내 고향으로

나무꾼 서울 가다

하늘로 솟은
수많은 통나무들

길거리엔 풍뎅이가
쌩쌩쌩

깊은 동굴에서도
뿡뿡뿡

기나긴 용들도
뿌우우웅 치이익

하늘 나는 잠자리

길을 잃은 나무꾼

다시
산속으로 내려가다

내 말 좀 들어보소

숨을
쉴 수가 없어요

내 말 좀 들어보소

꽉 막힌 하늘이
가슴을 조여옵니다

선녀님은
왜 어두운 밤에
달빛도 담을 수 없는
갑천의 물속에 있나요

어여
마음 풀고 나오셔서
내 말 좀 들어보소

내 안에 봄

내 안에
쏙 들어온 봄

따뜻한 줄로만 알았는데
시샘도 많네요

옆구리로 찬바람을
쿡쿡 넣으며 말합니다

즐겁냐고
행복하냐고
사랑하냐고

그래서 말했어요
그럼 그리고 사랑이 제일이지

안주머니 속에 봄을 느끼며
눈을 지그시 감아봅니다

하늘에서 선녀가 봄 따라 내려옵니다

나무꾼의 생각

아주 옛날 생각
하늘에 달님이 있었으면

옛날 생각
하늘에 별들이 많았으면

지금 생각
하늘에 달님이 없었으면

앞으로는

하늘에 별님이
구름 뒤에 숨어 있으면
우리들의 사랑은
넘쳐나겠지

나무꾼은
그렇게 생각을 한다

청중

컴컴한 하늘에
달도 없고
별도 보이지 않습니다

동서남북
어디를 둘러봐도
오직 어둠만이 있습니다

고요한 밤
숨을 죽인 대지

이름 모를 풀벌레의 연주가
시작됩니다

청중은
선녀와 나무꾼

어두운 밤이 아니라
아름다운 밤이 익어갑니다

가장 행복한 날

세상을 살아가며
가장 기쁘고 가장 행복하고
가장 즐거울 때는 언제일까?

뻔한 질문이고 뻔한 대답이다 아니 그런가
바로 "오늘"이다

그러나 이유는 모두가 다를 것이다

나에게 묻는다면
오늘도 은하수에 있었기 때문이다

견우와 직녀가 마주하는 곳에서
그 아름다운 성에서
만날 수도 없는 곳에서
나무꾼과 선녀는 함께 있었다

그보다 더한 기쁨과 행복
그리고 즐거움이 더 있으랴

별들의 숨바꼭질

반짝반짝
별들이 빛나는 밤

저 별은 선녀의 별
요 별은 나무꾼의 별

깊어가는 밤

하얀 쪽배 길 잃을까
등대가 되었네

아침 이슬 내리면
해님과 숨바꼭질을 한다

오늘 밤만은

그대는
별님이 되고

나는
달님이 되어

하늘을 나는
아름다운 밤

사랑과 행복이 가득한
우주의 공간에서
행복한 꿈을 꾸는
선녀와 나무꾼

오늘 밤만은
빨리 잠이 들고 싶다

오빠

나는
여동생이 없다

오빠라는
소리를 들으면
말로 표현할 수 없는
미묘한 감정이 들어온다

나를
떠나서는 안 되는 것

내 안에만
있어야 하는 것

바로
사랑이다

"사랑하는 오빠"

봉급날

오늘은 봉급날
옛날에 누런 봉투에 종이돈과 동전을 넣어주었지요

한 사람 한 사람 이름을 부르고
봉급 봉투를 받으면 왠지 모르는 희열을 느꼈지요

첫 봉급날
빨간 내의를 사들고 부모님께 선물을 드리던
아름다운 옛 추억을 그려봅니다

이제는 봉급의 자동이체로 추억을 만들 수 없기에
옛날의 봉급 봉투가 더욱 크게 보입니다

현금은 사라지고 통장에 한 줄의 숫자만 채워져
인간미도 없어지고 돈 세는 재미도 없어진 봉급날

시계추가 움직이는 아날로그 시절이 그리워
재래시장 순대 골목으로
아름다운 추억 하나 만들려고 갑니다

추억

어릴 적에 뛰어놀던 마당가
멍석에 누워
별 하나 별 둘 따고 놀았지

둥그런 달님이 떠오르면
별은 구름 속에서 숨바꼭질을 하고 놀았지

이슬이 내리는 깊은 밤이 되면
하얀 백합이 꽃망울을 터트려 향기를 실어 보내고

귀뚜라미는 어디서 왔는지
처마 아래에서
귀뚤귀뚤 떼창을 하며 노래 불렀지

추억 속에는
별님도
달님도
귀뚜라미도
꽃도 있었지

알사탕

마트에 가니 알사탕이 보인다
어릴 적 십리사탕이 생각이 났다

입 안에서 없어질까
깨물지도 못하고
닳을까봐 빨아보지도 못하고

작은 혀로
이리 굴리고 저리 굴리고

오른쪽 볼로 왼쪽 볼로
공처럼 가지고 놀았지

그렇게 해서 걷다보면
입 안에서 십리를 가던 사탕

이제 세월이 흘러
큰 알사탕이 되었네

이사 가는 날

아름다운 추억이 깃든 보금자리
정든 곳을 떠난다는 것은 슬픈 일입니다

이곳저곳 평소에 보지 않던 곳도 보게 되고
열지 않았던 창문도 열어보고 하지요

그럴수록 풍경은 더욱 좋아 보이고
이렇게 좋은 곳에서 살았구나 생각하니
공연한 생각이 들며
이사 가기 싫은 마음도 듭니다

손때 묻은 곳을 한 번 더 만져보고
마음속으로라도 고맙다고 품안에 넣어보면
왠지 마음이 편안해집니다

이사 가는 날은
아름다운 추억이 되어
영화의 한 장면으로 다시 태어납니다

중년이여

이른 새벽 동녘이 밝기도 전에
강 안개 따라 나는 새야

보는 이도 없고 듣는 이도 없는 고요한 아침에
어디를 홀로 날아가는가

강을 건너고
산을 타고 넘어서 가는 길이 어디인가

너는 저 멀리 어디라도 날아갔다 다시 올 수 있지만
나는 한 번 가면 돌아올 수 없는데
아침부터 왜 서두르나

잠시라도 쉬어가자
꽃단장이라도 하고 가자

서쪽 하늘에 붉은 노을이 드리울 때
새야! 새야! 함께 가자

밤에 쓰는 편지

어둡고 컴컴한 밤이다
창문을 두드리는 소리
누구일까

조용히 창가로 다가가 밖을 바라본다
아무것도 보이지 않는 컴컴한 밤이다

실컷 두드리고 두려움이 있었을까
아마도 수줍어서 숨었을 게다
모르는 척하고 되돌아선다

또다시 두드리는 소리
창문을 살짝 열어본다
어느새 품속으로 들어온 바람

무슨 말을 하고 싶었을까

어둡고 컴컴한 밤
편지를 쓰고 싶다

달님의 기도

서쪽 하늘로
해님이 뉘엿뉘엿 넘어가면

산등성이 따라
붉은 노을이 산을 태운다

온 대지가 어두움으로 채워지고 두려움이 밀려올 때
둥그런 달님이 방긋하고 떠오른다

달님이 컴컴한 하늘을 비추이면
저 멀리 어둠 속에서
반짝반짝 별님이 손짓을 한다

하늘에서
아름다운 선녀가 내게로 온다

달님이시여!
깊은 밤으로 머물게 하여 주시옵소서!

새해 첫 출근

새해 첫 출근이다
매년 맞이하지만 항상 설레인다

직장이란
나에게 무슨 의미일까?

해가 갈수록
미궁에 빠진다

중요한 것은
과거에 와서 지금 현재에 있는 것이다

생각하면 모든 일들이
고맙고 감사할 따름이다

설렘을 가지고
새롭다는 생각을 가지고
첫 출근을 한다

출근길 비

바쁘다 바빠
차창으로 떨어지는 빗방울 소리가
출근길을 재촉한다

오고 가는 수많은 차량들 사이로
마주치는 불빛

신호등에 갇혀 있는 빨주노초파남보
마술쇼 같이
돌고 도는 우산 속에서
주고받는 아름다운 미소

행복한 아침이다
비 내리는 출근길

빗방울에 행복을 가득 담아
불빛 눈빛 닫는 곳에
톡 톡 톡 두드려 보냅니다

비 내리는 날의 퇴근길

비 내리는 날의 퇴근길
마음은 정류장이고
발걸음은 정다운 뒷골목이다

우산살 끝에 맺힌 빗방울이
하나둘 떨어지면

포장마차의 젖은 천막을 따라
사람들이 들어온다

일과 사랑에 지친 하루를
술잔 속에 담아 기울인다

붉은 얼굴은 술잔 속에 비추이고
빗소리는 노래 소리가 된다

너와 내가 하나 되는
비 내리는 퇴근길이다

노약자석

기분 좋은 날은 선택과 집중을 잘하여야 한다
출근길 시내버스가 오는데 오늘도 만원 콩나물이다
그런데 뜻밖에도 뒤이어 한 대가 더 온다
흘깃흘깃 기다리는 사람들이 서로서로 눈치를 본다
선택의 순간에 뒤차로 걸음을 옮긴다

텅 빈 시루 안에 콩나물 받침대가 여기저기에 있다
또 다른 선택의 시간이다
가운데 내리기 편한 곳에 앉았다
자세를 정돈하고 안내문을 보니 장애인석이다
그럼 내가 장애인이 되는 건가
마음은 일어섰고 몸은 앉아 있었다
하루 시작은 노련하고 약삭빠른 자의 차지가 되었다

차창 밖을 바라보며 집중한다
나뭇잎에 하얗게 내린 서리가 아침 추위를 보내온다
노약자석 콩나물에서 깊은 한숨 소리가 새어 나온다
죄를 짓고는 못 산다

잔액 부족입니다

출근길 버스를 기다린다
추운 날씨라 그런지 오늘 따라 긴 줄이 이어진다
기다림이 이어지고 버스는 오지 않고
텅 빈 도로의 끝을 향할 즈음
라이트에 한껏 힘을 준 버스가 마침내 들어온다
줄줄이 승차카드를 내어민다
"결제되었습니다"
만차라 출입문을 겨우 지나 운전석 옆 기둥에 섰다
정류장을 지나거나 횡단보도를 지날 때면 몸은
어김없이 흔들린다
그 순간 어디서 흘러나오는 소리
"잔액 부족입니다"
시내버스는 아무 일 없는 듯 가는데 잊을 만하면
또다시 "잔액 부족입니다"라고 영혼 없는 소리가
계속 흘러나온다
시간이 지나면서 거스르는 소리에 누굴까 하며
몸을 돌리는데 "잔액 부족입니다" 또다시 나온다
그 순간 옆의 여자 분이 옆구리를 쿡 찌르며

손가락으로 나의 호주머니를 가리킨다
휴대폰을 넣은 상의 주머니가 몸을 움직일 때마다
카드기를 스쳐 계속 "잔액 부족입니다" 하였던 것이다
민폐다 생각하니 얼굴이 화끈거렸다
네 탓이 아니라 내 탓이다

교통카드

만원버스에 만원지하철
출근길은 언제나 시간에 쫓기어 뛰어가기도 합니다

때론 여유를 부리다 떠나버린 차의 꽁무니를 멍하니
바라보기도 합니다

그때마다 지갑에서 나와 손에 들린 교통카드는
할 일이 없어 부끄러워 호주머니 속으로 들어갑니다

그러다가 다시 온 만원이 된 차에
낯선 사람들과 어울려 간신히 올라탑니다

그러면 이내 좋을시고 호주머니 속은 바빠집니다
이어서 들려오는 소리
"처리되었습니다" "환승입니다"

교통카드의 하루는 이렇게 시작합니다

세월도 멈추었으면

버스가 안 가네요
왜 안 가냐고 물었더니

차 시간이 안 되었다고 하네요

세월도 가다가
잠시 멈추었다가
갔으면 좋겠어요

꽃도 보며 산천구경 하다가
시간이 되면
차를 타고 갔으면 해요

막차

누구를 위한 막차인가

만나고 헤어지는 것이
아픔인 것을
막차는 모르는지
오늘도 어김없이 오는구나

그리움이 사무쳐 희미한 불빛에 기대어
어둠을 밀쳐내려 하는데
막차는 매정도 하다

어둠이 깊어가면
사랑도 깊어갈 줄 알았는데

막차는
내 마음도 모르고
정류장에 서 있다

버스터미널의 오후

비가 내리는 버스터미널의 오후

기다림이 점점 그리움으로 다가오는 사람들
눈 감으면 바로 스크린에 스쳐가는
영화가 될 것 같은 분위기가
왠지 오묘한 느낌이 든다

웃으면서 때로는 무표정하게
그렇게 떠나가는 사람들

수많은 사연을 담고
뿌연 연기를 뿜어대며 떠나는 버스
휑하니 무심하게 바람 소리만 남기고 가버린다

버스터미널의 오후
떠난 사람의 빈자리는
오늘도 추억이 되어간다

좋은 걸 어떡해

좋다고 말을 할 것을
마음속으로만 했지요

하루가 지나고 이틀이 지났을 때
보고 싶었어요

그리고 사흘이 지나 나흘이 흘렀을 땐
달려가고 싶었어요

다시 하루가 지나 닷새째
노래 가사처럼 100미터 앞에 네가 있었지

가슴이 콩닥콩닥 뛰는 것을 숨길 수가 없었지

또다시 말 못하고 되돌아가려는데
버스는 어느새 떠나가고
정류장에 나 홀로 서 있었네

호반의 길

신이 나서 달리는 호반의 길
양옆으로 길게 늘어선 가로수의 의전을 받으니
얼쑤 절쑤 기분이 좋구나

파란 하늘이 푸른 물속에 비추이고
강가에 칡꽃도 보랏빛 향을 터트리고
백로는 새색시 되어 수줍은 듯 사뿐히 앉으려다
긴 날개를 펴고 다시 하늘을 나니
외로운 청둥오리 강 가운데 날아들어 물질을 하네

저 멀리 보이는 산도 앞에 있는 산도 온통 푸르니
호반길 버드나무도 흥이 나서 축 늘어졌구나
현암사의 독경소리가 바람결 타고 호수로 흩어지니
하늘의 구름도 멀리 사라지고 고행은 부처가 되네

너와 내가 팔짱을 끼고 걷는 오솔길은
벚나무 따라 굽이굽이 돌고 도는 호반길
내 마음은 홍모가 되어 바람 불러 구름 타고
하늘을 날고 있네

갑천에 비가 내리면

칠월칠석 날 어둠이 밀려오면
가로등불이 밝음을 대신합니다

밤하늘 은하수에 그림자 비춰지면
별들은 숨을 죽입니다

비 내리는 갑천의 징검다리
손을 꼭 잡고 건너가는 견우와 직녀

칠월칠석 비 오는 날
갑천의 밤은
빗소리에 깊어가며
풀벌레 소리에 잠이 듭니다

대둔산 가는 길

곧은 길을 가는데도 길은 굽이굽이 돌아갑니다
곁눈으로 가는 마음을 이 길은 잘도 아는가 봅니다
시냇물을 옆에 끼고 함께 가는 푸른 가로수길
야금야금 따라가니 설악산 울산바위를 옮겨놓은 듯
대둔산 자연능선이 보입니다
아름답고 멋진 풍경을 오래 보고 싶어
작가가 되어 사진 한 장을 찍어둡니다
계곡의 기암괴석은 조금씩만 얼굴을 보여주고
대둔산의 케이블카도 힘들어 하면
나무의 푸른 잎은 단풍잎이 되어 갑니다

계곡의 물소리도 새들의 노래 소리도 멈추고
풀벌레의 소리도 들리지 않는 시간
벤치에서는 소설을 써내려갑니다
파란 하늘 뭉게구름은 층층으로 노을 그림을 그리고
어둠은 밀려오지만 가로등 불빛에 그림자는
하나 되어 처마 밑 창가에 자리를 잡습니다
어느 날 오후에 나무꾼과 아름답고 예쁜 선녀는
그렇게 깊어가는 대둔산과 밤을 함께합니다

뚝방길

잔잔한 강물 위에 나룻배가 한가롭다

강을 따라 길게 뻗은
뚝방길을 걷고 싶다

잔잔한 물결이 동그라미를 그리며
멀리 멀리 퍼져나간다

강가에 있는 산이
물속에 몸을 비추고 화장을 한다

뚝방길을 걷다보면
그곳에는 고기도 있고 나무도 있다

강과 산은
함께 사는가 보다

홀로 걷는 뚝방길을
누군가와 함께 걷고 싶다

여행

닫혀진 공간에서 탈출이다

어제도 그제도
언제나 그 자리에 있었다

오늘은 어디에 내가 있을까
하늘을 나는 비행기에서
살며시 창밖을 본다

솜털처럼 하얀 구름이
이불이 되어 펼쳐지고
나는 어느새 그 위에 뉘어져 있다

아무도 알 수 없는 낯선 곳에
지나온 필름을 꺼내어
몰래 던져버리고 싶다

그러고 나서
사랑다운 사랑을 하고 싶다

제3부

후회와 약속

후회와 약속

(후회)
이때나
저때나
기다리다가
훌쩍 가버린 세월
사랑한다고 말만 했어도

(약속)
어제도 못했다
오늘도 그랬다
내일은 꼭 해야겠다
사랑해요

사랑한다고

수많은 구름이 하늘을 가려도
파란 하늘이 보입니다

빛이 보이지 않아도 밝은 해님이 보입니다

어두움이 몰려와도
달님을 볼 수 있으며
반짝반짝 별님도 보입니다

사랑한다면 그렇게 볼 수 있습니다

만남은 하늘이 주고
사랑은 서로서로 가꾸는 것

수많은 인연 중에 사랑의 인연
해님과 달님 그리고 별님에게
새끼손가락을 내어 밀고 약속합니다
"사랑한다고"

길

길은
끝도 없이 이어집니다

기나긴 밤 그리움에 사무쳤던 많은 사람들이
그 길을 따라갔습니다

길은 언제나 누구라도 반갑게 맞아줍니다
해님도 긴 그림자를 남기며 따라갑니다

서쪽 하늘에 노을이 마중 나온 길
푸른 산도 따라갑니다

대지는 어둠 속에 잠기고 길은 보이지 않습니다

수많은 만남과 이별이 있었던 길을
홀로 서서 바라봅니다

눈가에 눈물이 고이고
하얀 구름은 손수건이 되었습니다

만남과 기다림

만남은 기쁨이고
기다림은 행복이다

내일을 기다리며
만남을 그리면

이 한밤 기쁨이 넘치고
행복은 가득하다

깊은 밤

잠 못 이루는 밤
희미한 기억이
깊어가는 밤을 인도한다

열리면 열린 데로
닫히면 닫힌 데로
그렇게 밤은 깊어간다

반짝반짝 큰 별
깜박깜박 작은 별
별들의 세상이다

손을 내밀어 잡으려 해보고
꿈이려니 볼을 꼬집고
가슴을 움켜잡아도 보지만
이 밤은 속절없이 깊어만 간다

가슴 시린 사랑은
그렇게 시계바늘이 되어 돌고 돌아간다

그림자

누구의 그림자일까
한낮인데도 두려웠다

그림자가 없는
어두운 밤을 기다렸다

그러나
컴컴한 밤이 깊어갈수록
두려움은 무서움으로 변하였다

가슴을 조여 오더니
모든 것을 토하게 하고
무서움이 빈 곳을 채워버렸다

세상이 무섭다

대답

대답도 없는
긴 하루였다

기다림은
그렇게 지나갔다

마음이 허전하고
몸도 지쳐버렸다

해가 저물어
서쪽 하늘에 걸쳐 있다

붉은 노을이 타고 있다

푸른 산이
입을 벌려 삼켜버린다

기다리는 대답은
한줌의 재가 되었다

애가 탄다

가벼운 바람에도 흔들리는 것을
아니라고 할 수는 없다

어둠을 타고 온 바람은
알고 있을 게다

금방이라도 날아갈 듯한
홍모와 같은 나의 마음을

시간의 흐름은
그리움으로 더욱 몰아가고

기약 없이 가버린 사랑 때문에
애가 탄다

아픔

안 보면
보고파서 아프고

보고 나면
헤어짐에 아프고

헤어짐은
기다림에 아프고

기다림은
그리움이 사무쳐서 아프고

사무치는 미움은
사랑이 되어 아프네

세상은
온통 아픔이다

갈등

내가 아는가
네가 아는가

서로가
모르는 것을

아니다 해도
맞는다고 하는 것을

어떻게 할 수 있는가

물 한 잔에
푸념을 담아 들이킨다

씨앗으로 살고 싶다

보고 싶다
오래 보고 싶다

한순간의
꽃의 아름다움보다도

비바람과
눈보라에도
온갖 시련을 딛고

다시 피어날 수 있는
씨앗으로 살고 싶다

그래야
오래 볼 수 있다

삼식이

열린 창문으로 햇살은 따사로운데
머리가 아파온다

일식이가 될까
이식이가 되어볼까
한 평 방바닥에 누워 데굴데굴하니
이불만이 따라온다

머릿속은 갈 길을 잃었는데
전기밥솥 밥 익어가는 소리에 입속에는 침이 고인다

속절없는 해님은 어디를 그렇게도 바쁘게 가는지
서쪽 산마루에 노을을 만들고

오는 것은 어두움
가는 것은 시간뿐
구름 타고 바람 따라
하루는 빨리도 가고 온다

벌과 나비

(벌)
울긋불긋 노란 꽃 피어 있는 들꽃 밭에
벌과 나비가 있을 줄 알았는데
나비는 어디로 가고 벌 한 마리 앉아 있네

벌이 앉아 꽃이 피는 것인지
꽃들이 아름다워 벌들이 온 것인지
도대체 알 수가 없네
꽃들은 활짝 피고 좋아라 하네

(나비)
나비야 나랑 놀자
예쁘다고 이 꽃 저 꽃에 마음 주지 말고 나랑 놀자

봄이면 봄
여름이면 여름 그리고 가을이면 가을
계절 따라 가지 말고

변하지 않는 나랑 놀자

고추잠자리

가을이 오기도 전에
벌써 왔는가

오라고 하지도 않았거늘
그리도 오고 싶었나

좋아서 흥이 나서
안달이 났구나

그동안 어둠 속에서
세상에 나올 날을 기다리면서
홀로 가슴 저리는 사랑을 많이 했을 게다

빨갛게 멍든 꼬리를 치켜세우고
하늘 높이 날아라

넓은 세상이 무대가 되어
레이더 같은 동그란 눈을 뜨고
예쁜 망사 날개를 펄럭이며 춤을 추어라

새야 울지 말고 가거라

산책길에 푸른 소나무 높은 곳
가지에 새 한 마리 앉아 있네

어이해 짝을 잃고
추운 바람 맞아가며 홀로 우는가

네 마음 알 것 같아
나도 발길이 떨어지지 않는다

네가 사람이 되고
내가 한 마리 새가 된다면

뛰어가고 날아가서
너의 짝과 나의 사랑을 찾을 수 있을 텐데

훨훨 님 찾아가거라
울지 말고 어서가거라

허수아비

오곡백과 익어가는
황금빛 들녘

낮이나 밤이나
홀로 있는 허수아비

다리도 안 아픈지
언제나 그 자리에 서서

한 마리 새도 오지 않는
짝사랑만 하고 있네

술 한 잔

어릴 적 놀았던 강가의 모래언덕
그림 같은 풍경은 온데 간데 없고

고왔던 모래 위에
나룻배만 걸려 있다

모래밭에 길을 만들며 걷다가
뒤를 돌아본다

발자국은 저 멀리 이어져
추억의 길이 되어 따라온다

이제는 술 한 잔으로도
추억이 된다

갈까보다

갈까보다
언덕이 있는 산으로

이런저런
근심과 걱정
모두 다 내려놓고
푸른 산으로 갈까보다

지난 일이 대소로냐
가는 길이 장애로다

바위에 앉아 먼 산 바라보니
어서 오라 손짓하네

이네 등짐
벗을까 말까

어이할 거나 갈까보다

가끔은 사랑이 아프다

호수에 물이 없다면
호수가 아니다

사랑할 수 없다면
사랑이 아니다

빈 가슴 채워주는 것은
사랑일 뿐이다

보고 싶을 때 못 보는 것은
고통이다

가끔은 사랑이 아프다

사공의 마음

하늘에
하얀 솜구름이 흘러간다

만추의 이른 아침부터
어디로 흘러가는 걸까

콘크리트의 거대한 다리는 성큼성큼
강을 건너오고 있는데

나룻배는
강물에 한가로이 홀로 떠있고

사공은
강가 언덕에 홀로 앉아
먼 산만을 바라보네

제4부
봄 여름 가을 겨울

눈 내리는 봄

방금 깨어난 개구리가 다시 숨었어요

겨우내 그리도 춥고 눈도 많이 내렸는데
겨울이 우리 곁을 떠나려 하니
싫다고 투정을 부리는가 봐요

겨울하면 눈인데
봄날에 눈이 더욱 신기하기도 합니다

솜 같은 눈이 더욱 하얗게 복스럽기도 하고
이리저리 발자국을 만들며 걸어보기도 합니다

앙상한 나뭇가지에
봄이 오고 하얀 꽃이 피어 있는
겨울이 남아 있는 눈 내리는 봄날입니다

여름이 간다

대지를 깨우며 박차고 올라온 푸른 새싹
그리고 수많은 꽃들의 향연이 있었다

그러나 꽃들의 시기와 질투는 서로의 꽃잎을 하나씩
떨어뜨리게 하였고 이어서 여름을 맞이하였다
그야말로 염천지절이라 산과 들은 메마르고
나무는 타는 목마름을 견뎌야 했고
그나마 열린 과일은 달콤함을 잃어버렸다

사람도 지쳐 하늘을 바라본다
뜨거운 태양만이 있을 뿐 구름 하나 없다
한낮 무더위도 모자라 한밤에도 열대야가 이어진다
그렇게 대지를 태우고 생명을 힘들게 하였던
여름이 가고 있다
눈을 감았는지 귀를 닫았는지
간밤에 바람 따라 소리 없이 가을이 왔다
그래도 여름을 보내려니 야속하기도 하고 슬프다
세월이 그렇게 또 가고 있다

가을 햇살

높고 푸른 가을 하늘

구름 타고 하늘 날면
어느새 빨간 고추잠자리 날아와
함께 날자 하네

황금들판에
오곡백과 햇살에 익어가니

농부의 인생살이도
함께 익어가네

세월아 세월아
너만 가지
왜 함께 가자 하나

갈대의 손짓

강가에
잎도 지지 않은 갈대가 있습니다

깊어가는 가을이 되면
늘씬한 몸매가 되어 누군가에 손짓을 하였습니다

가을은
그런 갈대의 심정을 알지 못하고 떠나갔습니다

오늘도
갈대는 강가에 서서 하얀 꽃을 흔들고 있습니다

비를 맞으며 눈을 맞으며
하얀 서리를 맞아가며

바람결 따라 몸짓으로 손짓으로
누군가를 부릅니다

내 입은 요술쟁이

겨울이 되면 내 입은 요술쟁이

살짝 미소를 지어 보이면
어디서 있었는지 반갑다고
하얀 김이 모락모락 나온다

입술을 모아 후하고 불어대면
하얀 연기로 길다란 신작로를 만들고

삐죽삐죽 하면
뭉게구름이 두리둥실 피어오르고
볼을 두드리면
도너츠도 나온다

겨울만 되면
내 입은 요술쟁이가 된다

겨울 나무

(겨울 나무)
겨울 나무야
푸른 청춘은 어디로 갔느냐
울긋불긋 그 시절이 언제인데

떠나는 잎 하나
붙잡을 힘도 없었더냐
벌거벗은 너의 모습이
힘겨운 나의 모습과 같구나

(겨울 가로수)
겨울 가로수 그 옆에 가로등
추운 바람 맞으며
기나긴 밤 함께 할 줄 누가 알았을까

푸른 잎 따뜻하고 이뿐 꽃에 매혹이 넘쳐날 때
그땐 몰랐지
추운 겨울 오는 줄도 모르고

하늘은 놀이터

초가을 파란 하늘에
뭉게구름 모아 성을 쌓으니
곰돌이도 강아지도 좋아라

거북이 엉금엉금 기어가니
하얀 토끼 덩달아 따라가고

고추잠자리 높이 나니
새들도 날아가네

한 없이 높고 넓은 하늘은
동물들의 놀이터

밤하늘의 주인

밤하늘에는 주인이 오락가락
어느 날에는 둥근달이 밝게 비추이다
때가 되면 별들만이 반짝반짝 우리를 반기네

달님은 둥글둥글 부드러움으로 다가오고
별님은 아스라이 속삭임으로 다가오네

달이 밝으면 별이 숨어 사랑을 싹 트이게 하고
별들이 모이면 달님이 비켜주어
깊은 우정을 만들어주네

달님과 별님은 있는 듯 없는 듯
사랑도 우정도 깊다

나의 별

언제부터인지
밤하늘의 별을 찾고 별을 보게 되었습니다

곰곰이 되돌아보면 가슴속 깊은 곳에
또 다른 사랑별이 자리 잡고 있기 때문입니다

청명한 날에도 흐린 날이 되어도
밤하늘을 보면 별이 보입니다

참으로 희한한 일입니다
적어도 나의 눈에는 그렇게 별들이 보입니다

가끔은 별님도 은하수길 따라와 밤하늘을 비추이다
나무의자에 서로 기댄 연인에게 별 하나 떼어줍니다

멀지도 않은 가깝지도 않은 같은 하늘 아래
애절하게 반짝반짝 가슴을 저미게 하는
저 별은 누구의 별입니까

가지 끝 잎

그 많던 잎은 어디로 가고
마지막 남은 잎

울긋불긋 뜨거운 사랑을 뒤로 하고
작별의 시간을 맞이 한다

나뭇가지의 슬픈 이별을 아는가

가을 아침의 열매는
더욱 붉은색으로 물들어가고

가지 끝에 매달린 잎은
실바람에도 몸을 흔든다

신용카드 단풍잎

햇빛이 그립지만
아직은 그늘이 그리운 가을날의 오후

녹음을 뒤로 하고
붉게 물들어가는 느티나무 아래

긴 벤치 홀로 앉아 뻔뻔하게 다리 꼬고
한 팔은 턱을 괴고
한 팔은 향기 담은 커피 잔을 들고
푸른 하늘 바라보면

어디선가 바람 타고
누군가가 올 것만 같은 분위기

곱게 물든 나뭇잎 하나 슬쩍 떼어
안주머니 깊은 곳 지갑 속에 고이 넣고 나면

쿵쿵거리는 사랑의 고동소리
신용카드가 되어버린 아름답고 고운 단풍잎